Ramona Roßbach

Herbstspaziergänge und Frühlingserwachen

Gedichte

Bibliographische Information der Deutschen Nationalbibliothek:
Die Deutsche Nationalbibliothek verzeichnet diese Publikation in
der Deutschen Nationalbibliographie; detaillierte bibliographische
Daten sind im Internet über http://dnb.dnb.de abrufbar.

© 2018 Ramona Roßbach
Herstellung und Verlag:
BoD – Books on Demand, Norderstedt

ISBN: 978-3-752-82506-0

Inhalt

Die Einladung

Herbstgefühl

Der Herbst hängt wartend mir entgegen,

so abgeklärt und auch verwegen,

mit buntem Laub und kühler Luft.

Der Herbst mich ruft,

verheißungsvoll, erfrischend, offen,

auch mild, versöhnt und voller Hoffen,

klar und weit.

Das Fest

Herbsteszeit

Du frohe Herbsteszeit!
Alles ist bereit,
nach Wachsen, Werden, Reifen
den Augenblick zu greifen
voll Farben, Licht und Dankbarkeit.

Verzaubert

Herbstliches Gold durchflutet das Haus,
alles sieht wie verzaubert aus
vom Licht, das aus dem Himmel fällt
mitten in die Alltagswelt.

Oktoberlicht

Oktoberlicht fällt in die Bäume,
lässt leuchten sie in goldnem Grün;
die Welt durchweben leise Träume,
die ganz unmerklich weiterzieh'n.

Ich bin andächtig vor dem Licht,
das auch mir leuchten will,
erfüllt werd ich von Zuversicht;
die Zeit, sie steht kurz still.

Herbstfrage

Goldene Sterne an herbstlichen Zweigen hängend,
grün-gelbe Pracht in stillen Kaskaden sich ergießend,
Tupfen aus Licht vor sattem Himmelblau tanzend:
Ist all das ohne Zauber,
seit man den Märchen nicht mehr glaubt?

Herbstfest

Herbstkühl weht ein frischer Wind,
herbstbunt alle Blätter sind,
grüßen stolz von hohen Zweigen,
tanzen leuchtend ihren Reigen,
fragen nicht, was morgen sei,
feiern heut nur froh und frei.

Festmahl

Leuchtende Trauben,
duftende Pflaumen,
Birnen, so saftig,
Kastanien und Feigen,
schmackhafte Pilze,
sinnlicher Reigen
endloser Farben,
aus Kürbissen, Äpfeln
freudig erstrahlend,
Füllhorn des Herbstes,
uns alle einladend
zum täglichen Festbankett.

Herbstglutrot

Herbstrot lodern die Bäume,
getränkt von Lebenslust;
erdfarben leuchten Träume,
ein Feuer in mir ruft.

Vergänglichkeit am Horizont,
doch freudvoll tanzt die Seele,
wo alles lodert, weht, sich sonnt,
dass dem Moment voll Herbstglutrot
so gar nichts, gar nichts fehle.

Kürbis

Sonnenvergoldete herbstliche Tage
leuchten in Kürbisses wärmender Farbe;
da nehm ihre Köstlichkeit ich in mich auf.

Der Ausklang

Wandel

Der Herbst befreit die Bäume
von ihrer goldnen Pracht
und wandelt um in Träume,
was einst der Sommer 'bracht.

Vergessen ist das Streben,
jetzt kommt die ruhige Zeit.
Nach innen geht das Leben,
wo Neues bald gedeiht.

An die Herbstsonne

Sonne, mein Geliebter,

die Zeit des Wartens hat ein Ende;

du schließt mich wieder in deine wärmenden Arme,

streichelst sanft meine Haut

und begrüßt mit leuchtendem Blick auch die Bäume,

meine treuen und schweigenden Freunde,

die mit mir gewartet haben

auf deine Wiederkehr,

nun erfüllt von deinem hellen Strahlen.

Lass uns freuen

und unser Wiedersehen feiern,

die Zeit genießen,

die das Leben uns gemeinsam schenkt!

Herbststille

Farben sind rar.

Sie feiern, was war,

in still monochromem Gesang.

Herbst zieht entlang

mit bleiernem Schleier aus Kühle und Grau.

Farben sind rar.

Sie raunen, wie's war,

und ich seh im Trüben ihr Leuchten genau.

ohne Titel

unbestimmte Wolkendecke
darunter gleichgültige Bäume
nicht gut und nicht schlecht
Pause für die Seele

Novembersonne

Die Sonne ist in den Fluss gefallen,
ihr Schein verschwommen und fahl,
durchbrochen von Ästen, kahl,
und Licht aus kühlgoldnem Strahl
umhüllt uns in Stille mit Wohlgefallen.

Novembersuche

Auf der Suche bin ich
nach Spuren der Sonne
im novembertrüben Park.
Nein, heute gibt es
kein ausgelassenes Fest
von Wärme und Licht
unter dem verhangenen Himmel.
Und doch sind dort mitten im Grau
ein paar vergessene Sonnenstrahlen,
hängen in golden leuchtenden Blättern
verheißungsvoll mir entgegen.

Zwischentöne

Schnee

Leise, leise
ist die Reise
durch den Schnee, der fällt.
Leise, leise,
schweigend, weise
wirkt die ganze Welt.

An den Vollmond zum Jahreswechsel

Mond, helles Rund
hoch im Blau dieser Nacht,
tief-ruhigen Grund,
der ganz leise dort wacht!

Folgst deiner Bahn,
mein stiller Begleiter.
Neues fängt an
und vieles geht weiter.

Bäume im Schnee

Verliebt bin ich

in die Bäume,

wie sie schön und stark

ganz ruhig dem Winter trotzen,

veredelt von dem weißen Saum,

welchen der Schnee auf sie gelegt hat,

voll innerer Kraft und Beständigkeit,

geduldig wartend

unter unbestimmtem Himmel

aus blaugrauen Tupfen,

in tiefem Vertrauen darauf,

dass irgendwann wieder Frühling sein wird.

Blaue Stunde

Blaue Stunde
trägt die Kunde
vom vergehnden Tag.

Blaue Stunde,
tiefer Grunde,
der verzaubern mag!

Blaue Weiten,
himmlisch Zeiten
für den Augenblick!

Blaue Weiten
langsam gleiten
schon aus meinem Blick.

Doch blauer Stunde
ruhige Kunde
wirkt noch fort voll Glück.

Nebel am Morgen

Friedlich hängt der Nebel zwischen den Hügeln,

hüllt Wiesen und Bäume ein,

liegt wie ein sanfter Schleier

über allem, was war und was ist,

und sagt leise:

„Lasst uns noch einmal ganz neu anfangen."

Morgenstille

Blauer Nebel hüllt die Sonne

und ihr Licht in Schweigen ein.

Kostbar stille Morgenwonne!

Bald wird taghell Frühling sein.

Leises Solo

Vorboten

Gelb sind die Blumen
und rot schlägt mein Herz:
zwei Farben im Winter,
der strebt frühlingwärts.

Vorbote

Ich hatte vergessen, wie mild Frühling ist,
mit anderm beschäftigt, hatt' kaum ihn vermisst.
Jetzt lacht er herüber, zerreißt Wolkengrau,
da singt leis ein Vogel, der Himmel strahlt blau.
Für einen Moment nur wird's Frühling und weit,
in mir klingen Spuren von Glück, Leichtigkeit.
Voll Freude nun wart ich
auf baldiges Kommen der mild-blüh'nden Zeit.
Bald ist es so weit. Bald ist es so weit.

Kastanien, woher?

Kastanien, woher
kam das zarte, sanfte Grün,
das nun eure Zweige schmückt,
gleich ganz frischem, neuen Blüh'n,
wie vom Leben grad entdeckt?

Woher kam es, woher
nach winterlanger Ruh?
Weshalb ist's und wozu?
So vieles ich erklär,
doch niemals den Beginn.

Und staunend bin ich vor dem Grün,
in dem schon alles liegt,
Wozu und Woher,
Geheimnis und Sinn.

Blühende Sinfonie

Krokusse

Zart violett, zum Licht sich öffnend

Krokusse leise den Frühling begrüßen,

leuchtend auf frischer Erde,

vom Jetzt mir erzählend.

Da schwebt milder Duft,

ist Sirren und Flirren,

ein silberner Faden

die laue Luft durchwebend.

Es ist da ein Singen,

es zittert und bebt,

will tanzen, will springen,

durchdringt mich, es lebt.

Frühlingsbunt

Bunter Rausch aus blumig' Düften
quillt aus Tulpen noch und noch;
bin umhüllt von Frühlingslüften,
sagend jedem Zweifel: „Doch!"

Frühlingsfroh

Es blüht und grünt, es grünt und blüht,
so frühlingsfroh wird mein Gemüt!
Es blüht und duftet, grünt und lebt,
mein Herz ist Glück, es tanzt, es schwebt!

Frühlingszittern

Tulpen, Rosen, Hyazinthen
preisen blüh'nd des Lebens Sinn,
Sein erfüllt sie, stetes Finden;
und ich spür es – ja, ich bin.

An die grünenden Bäume

Niemand fragt mehr, wie ihr wart
vor ein paar Wochen nur,
als euer Grün, verschwindend zart,
noch suchte die Natur.

Jetzt ist's ein Meer, ein Blätterwald,
der jedem offenbar,
und andachtsvoll ich innehalt,
erinn're, wie's einst war.

Frühlingsgruß

Kastanie blühend rosa-rot,
zum Marktstand hin geneigt,
blickst milde auf sein Angebot,
dein Grün zum Himmel zeigt.

Du Blütenmeer, du himmlisch' Welt,
erhaben und doch hier!
Ein Blatt von dir zur Erde fällt;
zum Gruße wird es mir.

Im Fenster

Hast du im Fenster das Blühen geseh'n,
das nicht darin ist und doch hier?
Die Bäume des Frühlings sich spiegeln so schön!
So frag ich: Was spiegelt in mir
womöglich sich wider, was anderswo scheint
und doch auch noch mich und die unsre Welt meint?

Magnolie

Dort neben dem Haus: ein Magnolienbaum,
in Rosa und Weiß mir duftender Traum,
erhaben blühend in samtener Fülle,
voll Ruhe und Kraft, bewegt in der Stille.
Von himmlischen Welten ist Singen in dir,
du blühendes Glück, auch klingend in mir!

Ich glaube

Ich glaube an die Auferstehung,
an den Triumph der lebendigen Hoffnung
und unendlichen Freude,
die stärker sind als jede Ungewissheit.

Ich glaube an die Kraft des Seins,
die aus einem winzigen Samenkorn
ganze Welten entstehen lässt,
grünend vor Zuversicht.

Ich glaube an den Frühling
draußen vor meiner Haustür
und in meinem Herzen

und an das Leben,
das sich nicht unterkriegen lässt,
ja, selbst auf Gräbern noch blüht.

Ich glaube an den unbedingten Sinn allen Seins,
die Auferstehung vom Vergänglichen
hin zu Liebe und Licht,
verborgen so oft
und doch gerade jetzt wie offenbar
im lebendigen Gleichnis
frühlingsblühenden Glücks.

Nachklang

Weite

In mir blüht eine Blume

in schönstem Sonnenlicht

wie zu des Lebens Ruhme

voll Freud' und Zuversicht.

Ist auch der heut'ge Tag recht grau,

ist in mir doch das Blüh'n

und weites Land, in das ich schau,

voll Licht und Hoffnungsgrün.